Mini-juf Ninie

STICHTING NEDERLANDSE
KINDERJURY
2006

© 2005 Educatieve uitgeverij Maretak, Postbus 80, 9400 AB Assen

Tekst: Anne Takens
Illustraties: Pauline Oud
Vormgeving: Heleen van Keulen
DTP Gerard de Groot
ISBN 90 437 0271 4
NUR 140/282
AVI 4

Mini-juf Ninie

Anne Takens
illustraties: Pauline Oud

educatieve
uitgeverij
Maretak

1 Geluk

Kas heeft zich verslapen.
Dat kwam door het feestje.
Het tuinfeest van zijn mam.
Mam was geslaagd voor haar rijbewijs.
De buren kwamen op visite.
En ooms en tantes.
Kas kreeg chips en limonade.
En hij danste onder de bomen.
Met zijn nichtjes en neven.
Hij ging heel laat naar bed.
Om elf uur pas!
O, wat heeft hij een slaap!
Hij gaapt en gaapt.
Duf sjokt hij naar school.
Het is al kwart voor negen.
De school is vast al begonnen.

Ineens geeft Kas een gil.
'Juf Ninie is jarig!
En ik heb geen pakje!
Helemaal vergeten.
Wat dom.'

Juf Ninie is zijn nieuwe juf.
Ze is heel lief.
De liefste juf van de school.
Elke dag brengt Kas iets voor haar mee.
Een appeltje of een peer.
Een banaan of een kiwi.
Een lollie of een dropje.
Of een leuke tekening.
Maar nu ... heeft hij niets!
Kas denkt na.
Wat moet hij doen?
Terug naar huis?
Om koekjes voor de juf te pakken?
Of een doos bonbons?
Nee, dat kan niet.
Want dan wordt het nog later.
Zal hij vlug iets kopen?
In de winkel op de hoek?
Een beker met een hartjc?
Of een vaas?
Of een ring van goud?
Kas graait in zijn zak.
Er zit een knikker in.
En een papiertje.
En een stukje kauwgum.
Maar geen geld.
Zal hij bloemen plukken?

Hij ontdekt mooie tulpen.

In een tuintje voor een huis.

Kas bukt zich.

Hij wil een gele tulp pikken.

Dan hoort hij: *tik ... tok ... tok ...*

Een ring tikt tegen het raam.

Hij ziet een mevrouw.

Ze loert boos naar hem.

Haar stem klinkt nijdig:

'Laat dat!

Dat mag niet!'

Kas rent weg.

Wat heeft hij toch een pech.

Kon iemand hem maar helpen.

Kwam mam maar even langs.
Op haar rode fiets.
Dan kon ze hem geld geven.
Voor een pakje voor juf Ninie.
Opeens staat hij stokstijf stil.
Wat staat daar?
Onder die boom?
Naast die dikke hondendrol?
Het is een zakje ...
Een paars zakje.

Met een roze lint erom.
Hoe komt dat daar?
Heeft iemand het verloren?
Of ... is het daar stiekem neergezet?
Kwam er soms een fee voorbij?
Een toverfee die dacht:
Die arme Kas heeft pech.
Ik tover een pakje voor hem ...
Kas tilt het zakje op.
Nieuwsgierig doet hij het open.
Er liggen drie balletjes in.

Eén kleintje en twee dikke.
De dikke zijn rood.
Het kleintje is wit.
Zijn het knikkers?
Kas stopt zijn neus in het zakje.
Hij ruikt iets zoets.
Snoep!
Daar houdt juf Ninie van.
Wat een geluk.
Nu heeft hij toch iets om te geven.
Even kijkt hij om zich heen.
De straat is stil en leeg.
Maar in de verte hoort hij een lachje.
Wie giechelde daar?
Was het een kind?
Of ... de toverfee?

2 Pakjes

Kas is bij zijn school.
Hij hijgt van het rennen.
Het plein is leeg.
De deur is op slot.
Kas drukt op de bel.
Een lange jongen doet open.
Het is Bas uit groep acht.
Bas grijnst en zegt: 'Jochie, jij bent te laat.
Je krijgt vast straf.'
'Niet waar!', roept Kas.
Hij duwt Bas opzij.
En hij holt door de gang.
Hij glijdt uit op de vloer.
De vloer is glad en nat.
Hij is pas geboend.
Daar ligt Kas.
Met zijn benen in de lucht.
Vlug krabbelt hij overeind.
Hij stormt de klas in.
Daar is het feest.
Aan de muur hangen slingers.
En ballonnen in alle kleuren.

Op het bord is een vlag getekend.
Daaronder staat in gele letters:

Hiep hiep hoera!
Juf Ninie is dertig jaar!

Juf Ninie ziet er mooi uit.
Ze heeft een feestjurk aan.
Hij is zo blauw als de zee.
Op haar hoofd wiebelt een hoedje.
Een gouden hoedje met een pluim.
De kinderen zitten in de kring.
Juf Ninie zit op haar rode stoel.
Die is versierd met bloemen van papier.
De juf is blij als ze Kas ziet.
Ze zegt: 'Dag Kas!
Waar bleef je zo lang?

Ik was bang!
Ik dacht dat je ziek was.
Kom er gauw bij.'
Kas ploft naast Bo.
Hij houdt het zakje achter zijn rug.
De juf leest een verhaal voor.
Het gaat over Doornroosje.
Ze woonde in een kasteel.
Een wit kasteel met gouden torentjes.
Doornroosje prikte zich aan een spinnewiel.
Ze viel in slaap.
Ze sliep honderd jaar.
Maar op een dag kwam er een prins.
Een prins op een wit paard.
Hij had een roos in zijn hand.
De prins vond Doornroosje lief.
Hij gaf haar een kus.
En toen werd Doornroosje wakker.
De prins wou met haar trouwen.
Hij tilde haar op zijn paard.
Ze reden naar zijn paleis.
En ze leefden nog lang en gelukkig.

Het verhaal was mooi.
En het liep goed af.
Bart roept: 'Juf, dat verhaal ken ik!
Het is een film!'

Bo roept: 'Nee, het is een video!
En die heb ik thuis!'
Juf Ninie zegt: 'Het is een sprookje.
Maar nu gaan we gezellig praten.
Over jarig zijn.'
Bart steekt zijn vinger op.
'Juf, wat kreeg je van je man?'
'Een theepot', vertelt juf Ninie.
'Wat een duf ding', zegt Bo.
Juf Ninie lacht.
'Ja, dat vind ik ook.

Ik heb al drie theepotten.
Ik vroeg iets anders.
Jullie mogen raden.
Wat wou ik het liefst?'
Bart roept: 'Een ring van goud!'
'Mis', zegt juf Ninie.
'Een lapjeskat!', bedenkt Stef.
'Mis', zegt de juf.
'Een kasteel', verzint Sari.
'Fout', zegt juf Ninie.

Jan roept: 'Ik weet het!
Je wou een hond.
Een witte met zwarte vlekken.
En met een natte neus.
Die jou altijd kusjes geeft.'
Juf Ninie schudt haar hoofd.
'Mis, lieve Jan.'
Bo raadt het.
'Juf, je wou een ladder.
Een trap met honderd treden.'
De juf knikt en lacht.
'Jij hebt het helemaal goed, Bo.
Op mijn verlanglijst stond ... een trapje.
Dan kan ik overal bij.'
Juf Ninie is een beetje klein.
Ze is een mini-juf.
Ze klimt altijd op een stoel.
Anders kan ze niet bij het bord.
Soms wil ze iets
van de kast pakken.

Dan roept ze meester Giel.
Die is zo lang als een boom.
Juf Ninie zegt: 'Ik wou dat ik groter was.'
Kas schuift zijn stoel dicht bij haar.
Hij zegt: 'Ik wil dat ook, juf.
Want ik ben de kleinste van de klas.
Ze zitten me steeds te pesten.
Ze noemen me *kleine aap.*
Of *ukkie.*
Of *domme peuter.*'
Juf Ninie zegt zacht: 'Dat is flauw, Kas.
Kom maar bij mij als ze pesten.
Ik zal je helpen.'
Ze slaat haar arm om Kas heen.
Dat vindt hij fijn.
Hij voelt zich veilig.
De juf zegt: 'Later word je vanzelf groot.
Maar ik groei niet meer.
Ik blijf altijd mini-juf Ninie.'
Bo roept: 'Dat is niet erg!
Want je bent onze liefste juf!'

Dan is het tijd voor pakjes.
Juf Ninie krijgt heel veel:
Van Bo een kus.
Van Luuk een roos.
Van Bart een doos.

Van Chris een stuk zeep.
Van Jos een reep.
Van Lot een boek.
Van An een koek.
Van Mohmed een das.
Van Jan een tas.
Van Sari een tekening.
En van Stef een potje.
Er zit een kikker in.
Juf Ninie spaart kikkers.
Kikkers van steen.
Kikkers van glas.
Kikkers van stof.
En kikkers van snoep.
Ze heeft er al honderd.
Echte kikkers vindt ze ook leuk.
Die wonen in haar tuin.
In de ronde vijver.
Juf Ninie is dol op kikkers.
Omdat ze zo hoog kunnen springen.
Veel hoger dan zij.

3 Toverbal

Dan mag Kas zijn pakje geven.
Hij legt het op de schoot van juf Ninie.
'Dankjewel!', zegt de juf.
'Wat een mooi zakje!
Er staat een toverstafje op.
Heb je dat gezien?'
Kas schudt zijn hoofd.
Hij krijgt een kleur.
Juf Ninie vraagt:
'Heb je dat zelf gekocht voor mij?
Of je moeder soms?'
Kas begint te stotteren.
'Eh ... ja.
Eh ... nee ...'
Hij wil het vertellen.
Waar hij het zakje vond.
Onder de boom.
Naast de hondendrol.
Maar hij durft het niet.
Misschien zegt de juf dan: 'Bah!
Wat vies!
Er heeft vast een hond op gepiest!'

De juf vraagt gelukkig niet door.
Ze peutert het lint los.
En haalt een bal tevoorschijn.
Een dikke.
Een rode.
'Een toverbal!', juicht ze.
'Daar ben ik gek op!'
Ze stopt de bal in haar mond.
'Mmmm ...
Lekker, Kas!'
Juf Ninie begint te zuigen.
De hele klas kijkt naar haar.
Stef vraagt nieuwsgierig:
'Juf, wat voor kleur heeft hij nu?'
De juf steekt haar tong uit.
'Roze!', roepen de kinderen in koor.
Na een poos vragen ze: 'En nu, juf?
Is hij nu groen?'
Ja, de toverbal is groen.
Daarna wordt hij geel.
Zo geel als de zon.
En opeens is hij paars.
Zo paars als een bosbes.
An roept: 'Juf, pas op!
Paars is een toverkleur.
Kijk uit, juf.
Anders word je betoverd!'

Stef grinnikt.
'Ja, dan verander je.
In een zwarte spin.
Met harige poten.
Of in een enge draak.
Met vuur uit zijn bek.'
Juf Ninie glimlacht.
Ze smakt en smikkelt.
Maar dan ...
Kas krijgt een schok van schrik.
Er gebeurt iets raars met zijn juf!
Het lijkt wel of de juf smelt ...
Net als een sneeuwpop in de zon.
Dat kan toch niet?
Droomt hij?
Hij knijpt in zijn arm.
Dat doet pijn.
Dus hij droomt niet.
Is hij het enige kind dat het ziet?
Nee, alle kinderen zien het.
Ze stoten elkaar aan.
Ze fluisteren: 'Oooh!
Juf Ninie krimpt ...'
Sari springt van haar stoel.
Ze rent naar de juf toe.
'Juf, spuug uit die bal!
Het is toversnoep!

Je wordt er kleiner van!
Nog kleiner dan je al bent!
En dat wil je toch niet?'
Het lijkt wel of de juf niets hoort.
Ze spuugt de bal niet uit.
Lachend smult ze door.
De kinderen houden hun adem in.
Ze staren naar juf Ninie.
De benen van de juf worden steeds korter.
Haar lijf wordt steeds dunner.
Na een paar minuten is de juf zo klein als ...
Als een barbiepop.
Een barbie in een blauw jurkje.
Met een hoedje op.
Een feesthoedje met een pluim.

4 Betoverd!

Stef geeft Kas een stomp.
Hij sist: 'Stomme kleine aap!
Het is jouw schuld.
Jij gaf de juf dat snoep.
Moet je kijken wat er van komt!
Juf Ninie is betoverd!
Hoe kom je aan dat spul?
Zeg op, Kas!'
Kas voelt zijn hart bonzen.
Hij stottert:
'Het zakje s-stond b-bij een boom ...
Het was van n-niemand.
En dus nam ik het mee ...'
Stef kijkt kwaad en roept:
'Het was vast van een heks!
Die had het daar stiekem neergezet!'
Bo knikt.
'Ja, dat denk ik ook.
Het is heksensnoep.
Want op het zakje staat een toverstafje.
Dat had je niet gezien, hè?
Domme Kas!'

Kas moet bijna huilen.
Het is zijn schuld.
Had hij het zakje maar weggegooid.
In de struiken.
Of in de tuin bij de tulpen.
Hij was zo blij met zijn pakje.
Maar nu heeft hij spijt.
Luuk roept: 'Kas, doe iets!
Gauw, doe er iets aan!
Zorg dat juf weer normaal wordt!'
Kas zucht diep.
Met een piepstem vraagt hij:
'Zal ik meester Frans roepen?
Of de juf van groep zeven?'
Lot zegt: 'Nee!
Dan komt er paniek.
Dan krijgen wij op onze kop.
En jij vooral, Kas.
We moeten dit geheim houden.
Misschien gaat de tover gauw voorbij.'

Maar de betovering gaat niet voorbij.
Juf Ninie krimpt steeds verder.
Ze wordt zo klein als een mier.
De kinderen hurken rond haar stoel.
Stef pakt zijn rekenschrift.
Hij scheurt er een blaadje uit.

Met moeilijke sommen erop.
Voorzichtig schuift hij het miertje op het blad.
Bo fluistert: 'Juf, val niet op de grond.
Want dan trappen wij op jou.
Per ongeluk.
Niet bang zijn, hoor!
We letten goed op je.'
De juf tilt een piepklein armpje op.
Het is net of ze zwaait.

Opeens stapt Petra de klas in.
Dat is de juf van groep drie.
'Dag kinderen', zegt ze.
'Waarom zitten jullie niet in de kring?'
Ze wil op de stoel van juf Ninie ploffen.
Maar Luuk houdt haar tegen.
'Pas op!', gilt hij.
'Er zit daar een mier!'
Juf Petra zet haar bril op.
Ze begint te lachen.
'Wat een gekke mier!
Hij is blauw.
En hij heeft een hoedje op.
Dat bestaat toch niet?'
De kinderen roepen door elkaar:
'Ja, ja, dat bestaat wel!
Die mier is heel bijzonder!

We doen hem in een potje.
Na school brengen we hem weg.
Naar de dierentuin.'
Juf Petra knikt.
'Dat is goed', zegt ze.
'Maar waar is juf Ninie?'
Lot bedenkt: 'Juf is even naar de wc.
Ze moest nodig plassen.'
Juf Petra begrijpt het.
Ze zegt: 'Ik kom straks terug.
Want ik heb een pakje voor haar.'
'Goed juf!
Dag juf!'
Er gaat een zucht door de klas.
'Hè hè!
Die juf is weg!'
Vlug duiken ze weer naar de stoel van juf Ninie.
De juf is nog steeds piepklein.
Ze zit stil op het blaadje.
Het is net of ze sommen nakijkt.
De sommen van Stef.
Ze zijn allemaal fout.

5 Toverspreuken

Er komt weer iemand binnen.
Meester Dik van groep zes.
Hij heeft een roos in zijn hand.
Er hangt een kaartje aan.
Met een hartje erop.
'Waar is juf Ninie?', vraagt hij.
Lot gaat vlak voor hem staan.
Ze heeft vuurrode wangen.
Ze jokt: 'Juf Ninie is naar haar auto.
Daar staat een taart in.
Hij is heel lekker.
Er zitten kersen op.
En veel slagroom.'
Luuk jokt: 'In de auto staat ook snoep.
Een doos vol.
Spekkies, lollies en drop.
Voor de hele klas.'
Meester Dik zet de roos in een vaasje.
Hij zegt: 'Dan kom ik straks wel terug.
Gaan jullie eens in de kring zitten!
Vooruit!
Hup, snel een beetje.

En rustig zijn.

Geen kabaal maken.'

'Nee, meester!', roepen de kinderen.

Meester Dik gaat weg.

De deur van de klas doet hij dicht.

De kinderen kruipen weer bij de stoel van de juf.

Ze fluisteren tegen elkaar:

'Misschien komt er straks weer een meester.

Wat moeten we dan verzinnen?'

Geen kind dat het weet ...

Mini-juf Ninie zit boven op de sommen.

De zon schijnt op haar hoedje.

De kinderen willen haar aaien.

Maar hun vingers zijn te groot.

Sari kijkt sip.

Ze begint te huilen.

'Ik ben bang!

Het is net een rare droom!'

Mohmed geeft haar een por.
'Hou op met dat gejank.
Daar schieten we niets mee op.
We moeten iets bedenken.
Om onze juf weer groot te maken.'
Kas piekert zich suf.
Hij krijgt het er warm van.
Boven zijn neus komt een rimpel.
Zijn juf moet weer gewoon worden.
Maar hoe doe je dat?
Is er een dokter die dat weet?
Kas denkt aan de vakantie.
Toen was hij ziek.
Er kwam een leuke dokter bij hem.
Hij kreeg een drankje van hem.
Dat smaakte vies.
Maar na een paar dagen was hij weer beter.
Waar zou die leuke dokter wonen?
Kas weet het niet.
Wat ben ik toch een oen, denkt hij.
Ik weet niks ...
Ik doe altijd alles fout.
En ik heb altijd pech.
Opeens heeft hij een plan.
Hij roept: 'Een toverspreuk!
Wie weet een toverspreuk?'
Lot kent er één.

Ze fluistert:

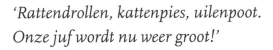

'Rattendrollen, kattenpies, uilenpoot.
Onze juf wordt nu weer groot!'

De toverspreuk werkt niet.
Bart bedenkt er ook één:

'Paddenstront en heksenbloed.
Mini-juf, word nu weer goed!'

Die spreuk helpt ook niet.
Juf Ninie kruipt naar de rand van de stoel.
Bijna valt ze eraf.
Mohmed schuift haar terug.
Hij zegt zachtjes:
'Juf, wat ben je klein.
Wat zielig voor jou.
Was je maar een kikker geworden.
Dan kon je hoge sprongen maken.
Die toverbal was dom.'
Lot hoort wat Mohmed zegt.
Ze roept: 'Ja! Heel dom!
Ik denk dat de juf moet huilen.
Ze heeft vast heel veel tranen.'
Ze turen naar het rekenblaadje.
Maar ze zien geen nat plekje.

Geen traan ...
Sari verzint ook een toverspreuk.
Ze danst rond de stoel van juf Ninie.
Zo mooi als ze kan.
En ze zingt een beetje vals:

'Ienie, Pienie, Lienie, Sienie.
Waar is mijn lieve juf Ninie?
Het is een droom.
Het is een droom ...
Juf, word vlug weer gewoon!'

De toverspreuk van Sari helpt ook niet.
Juf Ninie blijft zo klein als een mier.

6 Hup, juf!

Kas zit met zijn hoofd in zijn handen.
Hij denkt en denkt ...
Dan geeft hij een gil.
Hij danst door de klas en juicht: 'Ik weet het!
Ik heb het!'
Hij kijkt om zich heen.
Waar is het paarse zakje?
Daar!
Op het tafeltje van juf Ninie.
Hij grist het naar zich toe.
Vlug pakt hij het witte toverballetje.
'Let op!', roept hij.
'Deze bal is vast ook betoverd.
Weet je wat ik hoop?
Dat hij de juf weer groot kan maken!'
Sari stampt boos op de vloer.
'Nee!
Gooi weg die bal!
Dat snoep brengt ongeluk!'
Stef bijt Sari toe: 'Hou je mond, Sari.
We kunnen het proberen.'
Kas legt het balletje op de stoel.

Dicht bij mini-juf Ninie.
Hij fluistert: 'Juf, doe wat ik zeg.
Neem zes likjes van deze bal.
ZES!
Niet meer.'
Bo juicht: 'Ze doet het!
Ze likt aan de toverbal!'
En dan gebeurt er een wonder.
De piepkleine juf groeit.
Ze wordt dikker ...
Ze wordt langer ...
Eerst wordt ze weer een barbie.
En dan ... zo groot als een kabouter.
De kinderen gillen: 'Goed zo, juf!
Hup, juf!
Doorgaan, juf!
Groeien! Groeien!'
Juf Ninie groeit snel.
Na een poos is ze een meisje van zeven.
Kas stopt het toverballetje in het zakje.
Op toverballen moet je zuinig zijn.

Met een zwaai gaat de klasdeur open.
De kinderen schrikken.
Ze kijken om.
Wie is daar?
Juf Toos van groep twee.

'Hallo kinderen!', roept ze.
'Het is feest in deze klas!
Juf Ninie is jarig!
Ik wil haar iets leuks geven.'
Verbaasd kijkt ze naar het kind op de rode stoel.
'Wie is dat meisje?', vraagt ze.
Stef schraapt zijn keel.
Hij jokt heel erg.
'Eh ... dat is een nieuw kind.

Ze is pas in onze klas.
Ze komt uit een ver land.
Waar het altijd warm is.
We gaan voor haar zingen.
Omdat ze nu bij ons hoort.'
'Dat is lief', zegt juf Toos.
'Maar waar is juf Ninie?
Ze laat haar klas toch nooit alleen?'
Bo bedenkt ook iets.
Ze zegt: 'Juf is cola gaan halen.'
'Ja!', roept Stef.
'In de supermarkt!
Ze komt zo terug.'
Juf Toos verdwijnt weer.
Net op tijd.
Want het meisje op de stoel groeit vlug.
De hele klas gilt: 'Hup, juf!'

7 Een reus!

'Juf, stop!', roept Mohmed.
'Stop met groeien, juf!'
Maar juf Ninie stopt niet.
Ze stapt van de stoel af.
Ze wordt zo lang als een boom.
Haar armen worden reuzenarmen.
Haar benen zijn reuzenbenen.
Haar schoenen zijn reuzenschoenen.
Ze is al bijna bij het plafond!
Sari knijpt in de arm van Kas.
Ze roept: 'Kas, bedenk iets!
Snel, Kas!
Anders is het te laat!'
Kas voelt zijn oren gloeien.
Op de gang klinken voetstappen.
Komt meester Dik er weer aan?
Dat mag niet!
Hij zal niet weten wat hij ziet.
Een reuzenjuf!
Een juf tot aan het plafond!
De deur gaat open.
Het is meester Giel van groep acht.

De meester schrikt.
Hij stottert: 'Een ... r-reus!
Een vrouwtje!
Een vrouwtjesreus!
Hoe komt die hier?'
Kas is opeens in topvorm.
Hij weet wat hij moet verzinnen.
'Het is een pop, meester.
Die hebben wij gemaakt.'
De kinderen roepen door elkaar:
'Die pop is voor mini-juf Ninie!
Omdat ze jarig is!'
Bo zegt: 'Onze juf houdt van reuzen.
Weet je waarom?

Omdat ze zelf zo klein is.
Niet verraden hoor!
Het is een geheim.
Voor als ze straks de klas in komt.'
De reuzenjuf staat heel stil.
Met haar rug naar de kinderen.
Ze speelt dat ze een standbeeld is.
Een levend standbeeld.
Meester Giel vindt de reus mooi.
Hij raakt de blauwe jurk aan.
En hij voelt aan de reuzenschoenen.
'Net echt', zegt hij.
Hij kietelt aan jufs been.
Het standbeeld giechelt.
Het wiegt heen en weer.
'Wat raar', zegt meester Giel.
'Die pop wiebelt!
En ze giechelt.
Dat kan toch niet?'
Kas krijgt een hoofd als een boei.
Hij zegt: 'Dat leek maar zo, meester.
Misschien heb je het gedroomd.'
De hele klas roept: 'Ja, ja, meester Giel!
Je hebt het vast gedroomd!
Of je hebt te veel fantasie!'
Meester Giel schudt zijn hoofd.
Hij staart omhoog naar de reus.

'Rare pop ...', mompelt hij.
Dan piept zijn mobieltje.
Vlug gaat hij de klas uit.
Naar zijn kantoor.
De kinderen kijken elkaar aan.
Ze slaken een diepe zucht.
Gelukkig.
Meester Giel is weg.
Nu kunnen ze pret maken.
Pret met de reus.

8 Klimmen in de reus

Juf Ninie groeit nog steeds door.
Haar hoedje valt op de vloer.
Bonk!
Wat was dat?
Dat was het hoofd van de juf!
Het botste tegen het plafond.
Bart gilt: 'Help! Help!
De juf gaat door het dak!'
Sari roept: 'Kas, doe iets!
Het wordt een ramp!'
Kas bijt op zijn lip.
Met een zucht denkt hij na.
Dan krijgt hij een idee.
Hij pakt het paarse zakje.
Er zit nog één rode toverbal in.
Zou hij het durven?
Zou hij het doen?
Is het niet gevaarlijk?
'Ja, het moet', zegt hij in zichzelf.
Hij blaast op de toverbal.
Blazen brengt soms geluk.
Dan roept hij: 'Juf, vangen!'

Juf Ninie vangt de toverbal op.
Ze kijkt ernaar en lacht.
Kas roept: 'Juf, neem twee likjes!
TWEE!
Niet meer!
Anders word je weer een mier.'
Reuzenjuf Ninie likt aan de rode bal.
Met haar lange, roze tong.
De kinderen turen naar boven.
Bo juicht: 'Het lukt!
Het lukt echt!
Kijk! Kijk!
Juf begint te krimpen!'
Ja, de juf wordt een beetje kleiner.
Maar toch is ze nog drie meter lang.
Haar hoofd is zo groot als een meloen.
Een knotsdikke watermeloen.
Reuzenjuf Ninie lacht en zingt:
'Wat is het fijn om een reus te zijn.
Ik kan overal bij.
Ik kan bij de lamp.
En bij het plafond.
Wat zie ik daar?
Stof op de kast.
En een mooi boek.
En een spel dat ik kwijt was.
Ik zie ook een spin.

Een spin in een web.
Hij vangt vliegjes.
Wat is het fijn om een reus te zijn.
Maar wat zijn jullie klein!
Zijn jullie soms kabouters?'
De kinderen gillen: 'Ja, ja!
Wij zijn kabouters!
Mogen we in je klimmen, lieve reus?'
De reus vindt het goed.
Een paar meisjes klauteren omhoog.
Ze hijsen zich op aan de feestjurk.
Bo klimt tot aan juf Ninies nek.
Ze geeft haar een kus.
Op haar bolle reuzentoet.
An gaat op de reuzenschoen staan.
Ze houdt zich vast aan jufs been.
Dat been zwaait heen en weer.
An gilt van de pret.

Lot hangt aan de arm van juf Ninie.
Ze schommelt op en neer.
Stef zit op de rug van de juf.
Hij grijpt haar lange haar vast.
Hij speelt dat hij een aapje is.

Een reuzenjuf is grappig.
Nog grappiger dan een mini-juf.
Sari doet niet mee met de klas.
Ze zit op haar stoel en huilt.
Sari wil geen reuzenjuf.
Ze wil dat de juf weer gewoon wordt.
Gewoon mini-juf Ninie.
Die altijd op een stoel moet klimmen.
Omdat ze niet bij het bord kan.
Sari is zelf ook klein.
Ze houdt niet van reuzen.
Die zijn haar veel te groot.

9 Een goed plan

De reuzenjuf stampt door de klas.
De vloer dreunt.
De ramen rinkelen.
Kas kijkt naar Sari.
Ze huilt nog steeds.
Kas vindt Sari lief.
Hij is op haar.
Al vanaf groep twee.
Hij vraagt: 'Waarom huil je, Saar?'
Sari snikt: 'Dat weet je best.'
Kas knikt.
Ja, hij wil hetzelfde als Sari.
Hij wil dat alles weer normaal wordt.
Want hij heeft zin in taart.
En in een beker limonade.
En in spekkies en dropjes.
Maar hoe wordt de juf weer gewoon?
Hoe kan ze weer mini-juf Ninie worden?
Sari kruipt dicht tegen Kas aan.
Ze fluistert: 'Denk goed na, Kas.
Verzin iets.
Maar geen toverspreuk.

Want die helpt toch niet.'
Sari aait Kas over zijn arm.
En opeens komt er een plan in zijn hoofd.
Hij roept: 'Juf! Juf!
Heb je de rode toverbal nog?'
Juf Ninie kijkt naar beneden.
Ze lacht en knikt.
Ze steekt haar arm uit.
De bal ligt op haar reuzenhand.
Hij glanst in de zon.
Kas roept: 'Juf!
Doe wat ik zeg!
Lik nog twee keer aan die bal!
TWEE keer!
Niet meer!'
De juf geeft de toverbal twee likjes.
Kas staart omhoog.
Hij krijgt het koud en warm.
Als het nu maar goed gaat.
Als zijn juf maar geen miertje wordt ...
Sari juicht: 'Het werkt!
Ze krimpt al een beetje!'
Kas is blij.
Wat had hij toch een goed plan!
Hij danst door de klas en roept: 'Hiep hoi!
Juf Ninie wordt weer normaal!'
De juf wordt kleiner en kleiner.

Stef springt van haar rug.
Lot laat zich op de grond vallen.
Bo suist naar beneden.
Langs de blauwe rok van de juf.
Ze kijkt sip.
Ze vond de reuzenjuf juist zo leuk.

Het gaat goed.
Juf Ninie zit weer op haar rode stoel.
Haar blonde haar zit in de war.
Haar blauwe jurk is gekreukt.
En ze heeft vuurrode wangen.
Maar ze is echt juf Ninie.
De jarige Job.
Met haar grappige hoedje op.
Juf Ninie wrijft in haar ogen.
'Dag kinderen', zegt ze.
'Ik heb raar gedroomd.
Eerst ging mijn droom over jullie.
Alle kinderen van de klas waren reuzen.
De reuzen zaten om mij heen.
Ze keken naar mij.
Ik zag Stef.
Hij had een bolle toet.
Ik zag An.
Ze leek wel een reuzenkind.
Ik zag Kas.

Hij had heel grote ogen.
En die stonden heel bang.
Net of hij iets engs zag.
En opeens … werd ik zelf een reus.
En jullie waren kabouters.
Het was leuk om een reus te zijn.
Maar ik ben blij dat ik weer klein ben.'
De kinderen beginnen te lachen.
Ze roepen allemaal tegelijk:
'Juf, je hebt niet gedroomd!
Het is echt gebeurd!'
Juf Ninie schatert.
Ze zegt: 'Welnee, dat bestaat niet.
Ik denk dat ik heb zitten dutten.
Maar nu ben ik klaarwakker, hoor!
Lusten jullie taart?'
'Ja, ja!', juichen de kinderen.
Kas juicht het hardst.
Hij heeft beretrek.

10 Foetsie!

Het wordt feest in de klas.
Juf Ninie deelt taart uit.
En Bart schenkt ranja in.
De kinderen smullen.
Daarna gaan ze spelletjes doen:
koek happen,
pluisjes blazen,
eitje poepen,
snoepjes verstoppen,
dierengeluiden raden,
ik zie, ik zie, wat jij niet ziet,
en nog veel meer.
Ze schrikken als de schoolbel luidt.
Is de ochtend nu al om?
Wat snel!
Het is woensdag.
's Middags is er geen school.
Stef stoot Kas aan.
'Daar heb je meester Giel.
En juf Petra met juf Toos!'
De juffrouwen en meester stappen de klas in.
Ze geven juf Ninie een pakje.

Juf Petra kijkt rond.
'Waar is dat miertje?', vraagt ze.
Sari begint te giechelen.
'Weg!', zegt ze.
'Wat jammer!', zegt juf Petra.
'Het was een mier met een hoedje op.
Maar dat heb ik me vast verbeeld.'
Meester Giel vraagt: 'En waar is de reus?
Die reus had een blauwe jurk aan.
Net als juf Ninie.'
Kas voelt zweet op zijn hoofd.
Wat moet hij nu zeggen?
Hij kijkt naar Mohmed.
Die geeft hem een knipoog.
En zacht zegt hij:
'De reus was niet echt, meester.
Het was een droom.'
Meester Giel lacht.
'Dat geloof ik niet', zegt hij.
'Ik heb haar echt gezien!
Het was een meisjesreus.
Met een blauwe jurk aan.
En een hoedje op.'
Juf Ninie geeft de meester een stuk taart.
Ze stopt een vorkje in zijn hand.
'Niet praten maar eten', zegt ze.
Meester Giel begint te smullen.

Kas grijnst tegen Mohmed.
'Goed bedacht!', seinen zijn ogen.
Meester Giel gaat naar buiten.
Juf Toos en juf Petra gaan mee.
Juf Ninie telt haar pakjes.
'Ik heb er vijftien!', zegt ze blij.
'Maar ik mis er één.'
Ze zoekt onder de tafeltjes.
En onder de stoelen.
Sari geeft Kas een zet.
Ze fluistert in zijn oor:
'Juf zoekt het paarse zakje.
Dat heb ik.
Achter mijn rug.
Gooi het weg, Kas!'
Kas grist het zakje mee.
Juf Ninie mag het niet zien.
Want dan wil ze weer een toverbal.
En dan begint alles opnieuw!
Hij glipt de klas uit.
En hij rent naar de wc.
Daar schudt hij het zakje leeg.
Er zit nog maar één toverbal in.
Het kleintje.
De witte.
Plons!
De bal valt in de wc.

Vlug spoelt Kas hem door.
Weg ermee!
Het zakje gooit hij in de afvalbak.
Maar waar is de rode toverbal?
Juf Ninie heeft er eentje opgesnoept.
Die zit in haar maag.
Waar is die andere rode?
De bal waar ze aan gelikt heeft?
Kas holt naar de klas.
Ja!
Daar ligt de rode bal.
Onder het bord.

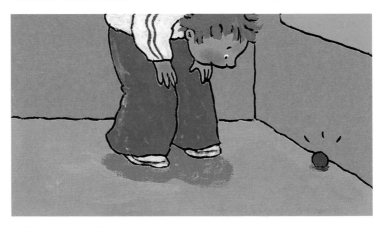

Hij ziet er vies uit.
Er kleeft stof aan.
Kas geeft de toverbal een schop.
Het ding rolt weg.
Plof!
Hij valt in een gat.

Achter de verwarming.

Het toversnoep ligt onder de grond.

Het is foetsie.

Voor altijd.

Juf Ninie stopt de pakjes in haar tas.

Ze kijkt naar Kas en zegt: 'Ik zie jouw pakje niet.

Wat gaf jij mij ook alweer?

Het was iets lekkers.

Maar ik weet niet meer wat.'

Kas krijgt het warm.

Zacht zegt hij: 'Juf, mijn pakje is kwijt.

Maar je krijgt iets nieuws van mij.

Ik moet het nog maken.

Ik vertel niet wat het is.

Het is een verrassing.

En morgen is het klaar.'

De juf geeft hem een aai over zijn haar.

'Dat is goed', zegt ze.

'Dag lieve Kas!

Tot morgen!'

'Dag juf!', roept Kas.

II Hard werken

Kas neemt Sari mee.
Naar de oude schuur.
Die staat in zijn grote tuin.
Achter hoge dennenbomen.
Tegen een muur staan planken.
Lange en korte.
In een kist liggen spijkers.
En glimmende schroeven.
Kas gaat aan het werk.
Hij maakt een verrassing.
Voor mini-juf Ninie.
Sari helpt mee.
Ze zagen en zingen:

> 'Zagen, zagen,
> wiedewiedewagen.
> Jan kwam thuis
> om een boterham te vragen.
> Vader was niet thuis.
> Moeder was niet thuis.
> "Piep", zei de muis in het voorhuis.'

Sari geeft Kas spijkers aan.
Kas slaat ze in de planken.
Met een zware hamer.
Au!
Hij raakt zijn duim!
Dat doet pijn.
Sari zegt: 'Laat mij dat maar doen.
Ik kan best goed timmeren.
Dat heb ik geleerd van papa.
Pap heeft ons eigen huis gebouwd.
Ik kan ook metselen.
En verven zonder te knoeien.
Goed van mij, hè?'
Sari pakt de hamer beet.
Ze timmert erop los.
Dan kiest ze schroeven uit de kist.
Kas draait ze in de planken.
Het is een zwaar karwei.
Soms houden ze even pauze.
Ze drinken sap en eten een koek.

Na een poos zegt Kas: 'Nu is het ding wel klaar.
Maar is het wel sterk genoeg?'
Sari gaat erop staan.
Ze danst op en neer.
'Zo sterk als een beer, Kas!
Kom, dan geven we het een kleurtje.'
Op een plank staan potjes verf.
Rode en blauwe.
Juf Ninie houdt van blauw.
Maar rood vindt ze ook leuk.
De verrassing voor de juf wordt blauw.
Met rode hartjes erop.
Sari zegt: 'Juf zal blij zijn.
Ze weet niet wat ze ziet.
Ik hoop dat de verf morgen droog is.
Anders plakt juf eraan vast.'
Trots kijkt Kas naar het werkstuk.
'Best knap van ons, hè?', zegt Sari.
'Dat hebben wij samen mooi gedaan.
Zonder vader of moeder erbij.'
Kas gaapt.
Hij is moe.
Het was een bijzondere dag.
Een dag als een sprookje.
Nee, net een droom ...

12 Goudpapier

Het is nacht.
De maan maakt de tuin mooi.
Zo mooi als in een sprookje.
Over het gras danst een feetje.
Een toverfeetje.
Ze zweeft naar de oude schuur.
Ze kijkt door een raampje.
En ze ziet de verrassing.
Voor mini-juf Ninie.
Ze vindt het prachtig.
Maar ... er moet nog papier omheen.
Goudpapier ...

Kas slaapt.
Hij droomt over toverballen.
Witte toverballen.
En rode en groene.
Ze rollen over de vloer.
Ze springen omhoog.
Ze huppelen over zijn buik.
Ze willen hem betoveren.
Kas gilt: 'Nee, nee!'

Hij slaat wild om zich heen.
Dan valt hij uit bed.
Bons, op de vloer.
Zijn hoofd doet pijn.
Maar de droom is weg.
De maan tuurt naar binnen.
Het is net of hij wil zeggen:
'Ga maar lekker slapen.
Het is nacht.
Midden in de nacht.'
Kas kruipt weer in bed.
Hij dommelt in.

Kas wordt vroeg wakker.
De zon is al op.
Kas trekt zijn broek aan.
En zijn trui.
En zijn nieuwe gympen.
Hij doet zijn kast open.
Papier moet hij hebben.
Veel papier.
Dat heeft hij nodig.
Want hij moet zijn werkstuk inpakken.
Anders is het geen verrassing meer.
Op een plank liggen witte blaadjes.
Maar die zijn veel te klein.
Kas zucht.

Hij denkt: Stom van me.
Ik had goudpapier moeten kopen.
Maar dat is veel te duur.
Daar heb ik geen geld voor.
Hij rent de trap af.
In de keuken eet hij een broodje.
Dan holt hij de tuin in.
Naar de oude schuur.
Hij trekt de deur open.
Het ruikt er lekker.
Naar hout en verf.
In de schuur staat iets moois.
Iets moois in goudpapier.
Het glanst in de zon.
Er zit een strik omheen.
Een strik met hartjes erop.
Rode hartjes.
Kas geeft een gil.

Hij roept: 'Hoe kan dat nou!
Het is al ingepakt!
Wie heeft dat gedaan?
Papa? Mama?
Nee, die wisten er niets van.
Want ik hield alles geheim.'
Buiten klinken vlugge voetstappen.
Sari komt eraan.
Ze rent de schuur in.
'Kijk eens!', juicht Kas.
'Iemand heeft het ingepakt!
Een geheim iemand!'
Sari danst om de verrassing heen.
Ze roept: 'Wat gaaf!
Dat heeft een fee gedaan.
Een toverfee.'
Kas denkt: Ja, het was vast een fee.
In de nacht kwam er een fee voorbij.
Een toverfee met vleugels van goud.
Een toverfee met goudpapier.

13 Zoeken!

Kas en Sari lopen naar school.
Ze dragen het pak voor de juf tussen hen in.
Op het schoolplein is het stil.
Geen kind te zien.
Het is nog vroeg.
Maar de voordeur is al open.
Samen sjouwen ze het pak naar binnen.
Ze verstoppen het in de klas.
Achter het gordijn.
Niemand mag het zien.
Nog niet ...

Na een poos gaat de bel.
De kinderen stormen het lokaal in.
Juf Ninie is er ook bij.
Ze klapt in haar handen.
'Allemaal in de kring!'
Ze draait zich om naar het bord.
Sari geeft Kas een stomp.
Ze fluistert: 'Geven we het pak nu?'
'Straks', fluistert Kas.
Wat is het spannend!

Het hart van Kas doet: *bons ... bons ... bons.*
Juf Ninie pakt een krijtje.
Ze wil iets op het bord schrijven.
Helemaal bovenaan.
Maar daar kan ze niet bij.
Ze vraagt aan An: 'An, mag ik jouw stoel lenen?
Mag ik er even op staan?'
Kas en Sari giechelen.
Ze roepen: 'Je hoeft geen stoel te lenen, juf!
Want in de klas is een verrassing!
Voor jou!'
Juf Ninie kijkt verbaasd.
'Een verrassing?
Waar dan?'
'Zoeken!', roept Sari.
'In alle hoeken!', roept Kas.
Juf Ninie kijkt onder de tafeltjes.
En in de prullenbak.
'Is het klein?', vraagt ze.
'Nee, groot!', roept Sari.
'Knotsgroot!', zegt Kas.
Alle kinderen zijn nieuwsgierig.
Ze vragen: 'Wat hebben jullie verstopt?'
Sari zegt: 'Iets leuks.'
An wil weten waar het staat.
'Dat is een geheim', zegt Kas.
Juf Ninie zoekt in de boekenhoek.

'Koud!', roept Sari.

De juf kijkt in de boekenkast.

Ze haalt alle boeken opzij.

Sari roept: 'Koud als steen!'

Dan loopt juf Ninie naar de ramen.

'Warm!', roept Kas.

De juf zoekt op de vensterbank.

Ze loert achter de planten.

En dan ...

Sari gilt: 'Heet!'

14 De juf is blij

Juf Ninie pakt het gordijn vast.
Ze lacht en zegt: 'Ik zie een dikke bobbel.
Wat zou dat zijn?'
Ze voelt aan de bobbel.
En ze zegt: 'Ik weet het al.
Het is een kikker.'
'Mis!', roept Kas.
De klas gilt: 'Juf, kijken!'
Juf Ninie trekt het gordijn opzij.
Ze juicht: 'Een pak!
Een pak van goud!
Is dat voor mij?'
Ze wil het pak optillen.
Bart en Jan helpen haar.
Ze zetten het op haar tafel.
Kas knijpt Sari in haar arm.
Nu gaat het gebeuren ...
De juf knoopt de strik los.
Ze haalt het goudpapier weg.
Dan slaat ze haar hand voor haar mond.
Ze juicht: 'Wat fijn!
Ik heb een trapje!

Voor onder het bord.
Wie heeft dat gemaakt?'
'Ik!', roept Kas.
'En ik!', roept Sari.
De juf trekt Kas en Sari naar zich toe.
Ze geeft hun een dikke zoen.
'Dankjewel', zegt ze.
'Wat lief van jullie.'

Sari danst door de klas en zingt:

> *'Ienie, Pienie, Mienie, Sienie.*
> *Dit was de verrassing voor mini-juf Ninie!'*

De juf knippert met haar ogen.
Er glinsteren tranen in.
Kas en Sari zetten het trapje onder het bord.
Juf Ninie klimt erop.
Ze pakt een krijtje en schrijft:

> *Hiep hoi, wat ben ik blij.*
> *Mini-juf Ninie kan nu overal bij!*

Sari geeft Kas een kus.
De kinderen beginnen te giechelen.
Maar daar trekt Sari zich niets van aan.
Ze fluistert: 'Onze verrassing was gaaf.
Beter dan die domme toverballen.'
En dat vindt Kas ook.

Door het raam van de klas kijkt een feetje.
Een toverfeetje met vleugels van goud.
Ze lacht zachtjes.
Maar niemand ziet haar.
En niemand hoort haar.
Ze vliegt weg naar de maan en de sterren.